FSC
www.fsc.org
MIX
Papier aus verantwortungsvollen Quellen
FSC® C018236

ISBN 978-3-7855-8496-5
4. Auflage 2021

Dieser Titel enthält die Einzeltitel *Kim kann stark sein*, *Ich geh doch nicht mit Jedem mit!* und *Ich geh doch nicht verloren!*

Umschlag- und Innenillustration: Dagmar Geisler
Umschlaggestaltung: Elke Kohlmann
Printed in the EU

www.loewe-verlag.de

So passiert mir nichts!

Geschichten, die Kinder stark machen

Loewe

Inhaltsverzeichnis

Dagmar Geisler

Ich geh doch nicht verloren!

Lu und Mama gehen in die Stadt.
Brot wollen sie kaufen und Bananen
und rot-weiße Ringelsocken für Lu.
Die braucht sie ganz dringend.
Auf dem Marktplatz ist heute eine Menge los.
„Hoffentlich gehst du mir in diesem Gedränge
nicht verloren“, sagt Mama.
„Ich geh doch nicht verloren“, sagt Lu.

Es ist so eng. Lu sieht von den vielen Leuten nur die Beine.
Zum Glück hat Mama ihren roten Mantel an. Der leuchtet
so schön, dass man ihn nicht übersehen kann.

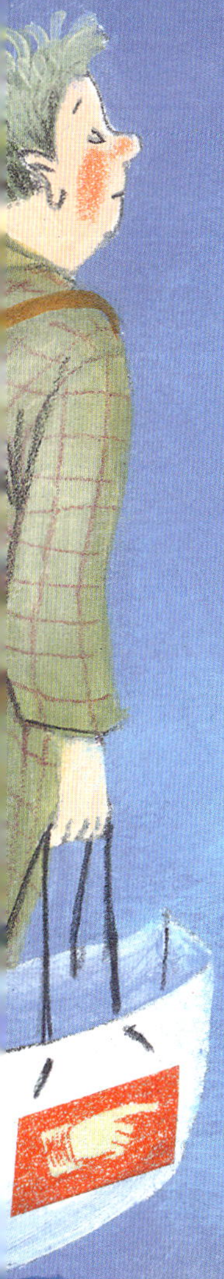

Beim Obststand steht ein Junge.
Sehr fröhlich sieht er nicht aus.
„Bist du verloren gegangen?“, fragt Lu.
„Quatsch!“, sagt der Junge.

Am Brotstand wird es noch schlimmer. Die Leute drängeln und drängeln. „Schade, dass ich so klein bin“, denkt Lu. Aber da kommt jemand angerannt, der noch ein bisschen kleiner ist. „Du bist aber süß“, sagt Lu. Der kleine Hund wedelt mit dem Schwanz.

Als Lu und Mama weitergehen, läuft der Hund einfach mit. Manchmal läuft er ein bisschen voraus, mal nach rechts und mal nach links. Lu lässt ihn nicht aus den Augen. „Schau doch mal, was wir für eine süße Begleitung haben!“, ruft Lu. Aber es ist so laut auf dem Markt. Mama hat gar nichts gehört.
Lu zupft an ihrem Mantel.
„Jetzt schau doch mal!“

Ach du Schreck! Die Frau, die sich jetzt umdreht, ist ja überhaupt nicht Mama. Erschrocken dreht Lu sich nach allen Seiten um. Mama ist nirgends zu sehen.
„Siehst du, jetzt bist du auch verloren gegangen“, sagt jemand mit weinerlicher Stimme.
„Ach, du bist es“, sagt Lu. „Warum hast du mich eben angeschwindelt?“
Statt zu antworten, fragt der Junge:
„Was machen wir denn jetzt?“

„Erste Regel beim Verlorengehen: stehen bleiben und rufen! Wenn etwas da ist, wo man ein bisschen höher stehen kann, draufsteigen und rufen! Am besten, man rührt sich nicht vom Fleck, dann können einen die Eltern besser finden."

„Aha", sagt der Junge und wischt sich die Tränen aus den Augen. Er klingt nicht sehr überzeugt. „Und wenn einen keiner sucht?"

„Alle Eltern suchen ihre verlorenen Kinder", sagt Lu.

„Auch wenn man vorher frech war?", fragt der Junge.

„Na klar!", sagt Lu. „Eltern wollen ihre Kinder immer wiederhaben."

„Auch wenn sie furchtbar sauer auf einen sind?"

„Auch dann", sagt Lu.

„Puh!", sagt der Junge erleichtert. „Aber ich glaube, stehen bleiben und rufen hilft bei mir trotzdem nichts."

„Warum denn nicht?"

„Ich bin hier ja schon dauernd hin und her gerannt, aber Papa war nirgends zu sehen. Bestimmt finden wir uns nie mehr wieder."

„Quatsch!", sagt Lu.

Fish

„Regel Nummer zwei:
Wenn wir uns nicht gleich wiederfinden – anrufen!“
Lu steigt von der Kiste herunter. „Wir bitten jemanden, deinen Papa auf dem Handy anzurufen. Dein Papa hat doch ein Handy, oder?“
„Klar!“ Der Junge nickt.
„Weißt du die Nummer? Ich habe unsere Adresse auf einem Zettel dabei, aber Mama geht immer auf Nummer sicher und deshalb habe ich ihre Nummer auch hier auf dem Arm.“
Der Junge lacht. „Ich weiß Papas Nummer auswendig, ich bin ja kein Baby mehr.

Sie fängt an mit 01…

Und dann 50… oder 60?

Eine Sieben ist auch
dabei und eine Drei.

Oh nein, oh nein,
oh nein, es fällt mir
nicht mehr ein.

Jetzt ist alles aus.
Bestimmt komme
ich nie mehr nach
Hause.“
„Quatsch!“, sagt Lu.

„Regel Nummer drei:
Wenn das alles nicht funktioniert,
rufen wir die Polizei."
„Die Polizei?", ruft der Junge.
„Ich habe doch gar nichts verbrochen."
„Pah", sagt Lu. „Die Polizei ist doch nicht nur zum Verbrecherjagen da. Die Polizei ist auch da, um uns zu helfen."

„Ach ja?", fragt der Junge.

„Klar", sagt Lu. „Jetzt brauchen wir nur noch jemanden, der für uns dort anruft."

Fisch-
Frickel

Aber das ist gar nicht so einfach. Lu fragt einen Mann, aber der hat einen Kopfhörer auf den Ohren und kann sie gar nicht hören. Eine Frau antwortet in einer ganz fremden Sprache, aber beim Fischverkäufer hat Lu Glück. „Ein Handy habe ich schon, aber hier können wir nicht telefonieren, hier ist es viel zu laut. Kommt doch mit zu meinem Auto, da geht es besser.“

„Nein danke!“, sagt Lu freundlich. „Ich kenn dich nicht, ich geh nicht mit!“

„Bist du verrückt?“, ruft der Junge, als der Fischverkäufer weitergegangen ist.

„Bin ich nicht!“, sagt Lu.

„Das ist die Regel Nummer vier: Auch wenn ich verloren gehe, gehe ich mit niemandem einfach so mit.“

„Und ich? Soll ich jetzt vielleicht unter der Brücke schlafen, oder was?“

„Quatsch!“, sagt Lu.

„Jetzt kommt erst mal Regel Nummer fünf: Wenn ich Hilfe holen muss, gehe ich an einen Ort, an dem möglichst viele Menschen sind und wo man mich gut sehen kann."
„Wie wär's mit der Apotheke?", fragt der Junge.
„Gute Idee!", sagt Lu.

Klingklong macht die Türglocke, als die beiden den Laden betreten.
„Guten Tag!", sagt Lu zu der Apothekerin.
„Wir beide sind verloren gegangen. Könnten Sie vielleicht meine Mama anrufen? Und die Polizei, bitte!"
„Hast du denn die Nummer von deiner Mama?", fragt die Apothekerin freundlich.
„Ja, die habe ich. Aber wir brauchen zuerst die Polizei. Er ..."
Lu dreht sich um. „Wie heißt du eigentlich?"
„Roberto", sagt der Junge.
„Roberto ist nämlich schon viel länger verloren als ich."
„Na dann", sagt die Apothekerin und nimmt das Telefon in die Hand.

Apoth
9
7

Die Polizisten sind ganz schnell da. Sie waren ganz in der Nähe und haben eine Currywurst gegessen. Die Apothekerin will gerade Mamas Nummer wählen, da stürzt noch jemand in den Laden. Es ist ein großes Mädchen und es ist ganz aufgeregt. „Haben Sie vielleicht einen kleinen Hund gesehen?“, fragt es.

„Ja, ich!“, will Lu schon rufen, aber da kommt ein Mann angerannt. Er ist noch aufgeregter als das Mädchen. Sein Gesicht ist rot wie eine Tomate. „Haben Sie vielleicht einen kleinen Jungen gesehen?“, ruft er. „Papa!“, ruft Roberto.

Die Apotheke ist jetzt proppenvoll. Einer der Polizisten lockt den kleinen Hund mit dem Rest von seiner Currywurst in den Laden. Die Apothekerin will jetzt endlich Mamas Nummer wählen, aber es ist schrecklich laut. So laut, dass Lu das *Klingklong* der Ladentür fast überhört hätte.

„Lu!", ruft Mama. Sie stürmt herein und drückt ihre Tochter so fest, dass sie fast keine Luft mehr kriegt, und dann weint sie auch noch.
„Aber Mama!", sagt Lu. „Regel Nummer sechs beim Verlorengehen: keine Panik!"
„Soso!", schnieft Mama. „Und ich dachte schon, du hättest alles vergessen."
„Nee!", sagt Roberto. „Das hat sie nicht. Das weiß sie alles ganz genau."

Wenn ich mal verloren gehe

1. Ich bleibe, wo ich bin. Mama und Papa suchen ja nach mir. So können sie mich leichter finden. (Falls wir einen Treffpunkt ausgemacht haben, gehe ich dorthin. Der Treffpunkt muss leicht zu finden und eindeutig zu erkennen sein.)

2. Ich bitte jemanden, Mama oder Papa auf dem Handy anzurufen. Die Nummer habe ich bei mir. (Hauptsache, sie geht nicht verloren.)

3. Falls das nicht geht, kann auch jemand die Polizei anrufen.

4. Zum Anrufen gehe ich mit niemandem mit.

5. Vielleicht ist niemand da, der für mich anrufen kann, dann gehe ich an einen Ort, wo mich jeder sehen kann. Zum Beispiel in ein Geschäft. Wenn es einen Ort mit einem Notinselzeichen in der Nähe gibt, gehe ich dorthin.

6. Ich gerate nicht in Panik. Denn wenn ich ruhig bleibe, kann ich besser nachdenken.

Anmerkungen für die Eltern

Zu Punkt 1: Einen Treffpunkt kann man an einem überschaubaren Ort vereinbaren. Hier eignet sich zum Beispiel ein gut sichtbarer Brunnen, ein Maibaum oder etwas Ähnliches auf einem Marktplatz, das Häuschen der Bahnsteigaufsicht an einem Bahnhof oder ein großes Spielgerät auf einem Spielplatz. Auf jeden Fall sollte das Kind diesen Punkt sicher und schnell erreichen können. Für größere Ausflüge eignet sich so ein vereinbarter Treffpunkt eher nicht.

Zu Punkt 2: Die Handynummer kann man dem Kind in die Tasche stecken, aber da geht sie vielleicht verloren. Besser ist es, sie in einer Hülle um den Hals zu tragen. Die Handynummer auf dem Arm ist vielleicht nicht so hübsch, aber auf jeden Fall eine gute Idee für die Sicherheit Ihres Kindes.

Zu Punkt 3: Üben Sie die Nummer der Polizei (110) und die von Feuerwehr und Rettungsdienst (112) mit Ihrem Kind. Das kann ganz spielerisch geschehen.

Zu Punkt 4: Sprechen Sie mit Ihrem Kind vor einem Ausflug ab, mit wem es, im Falle eines Falles, mitgehen darf. Außer der Polizei kann das zum Beispiel Zug- oder Flugpersonal sein, oder Menschen, denen Sie persönlich vertrauen. Wichtig ist, dass die Anzahl der Personen überschaubar ist, so kann das Kind nicht so leicht unsicher werden.

Zu Punkt 5: Auch hier ist es sinnvoll, über solche Orte schon vorher zu sprechen. Zum Beispiel kann man bei einem Spaziergang durch die Stadt immer mal wieder auf geeignete Stellen hinweisen. Wenn Sie ein Notinselzeichen sehen, machen Sie Ihr Kind darauf aufmerksam.

Zu Punkt 6: Je besser das Kind auf eine schwierige Situation vorbereitet ist, umso weniger wird es in Panik geraten. Und Sie auch nicht!

Dagmar Geisler

Ich geh doch nicht mit Jedem mit!

Ausgerechnet heute muss Lu warten.
Fast alle Kinder sind schon abgeholt worden.
Nur Lu steht noch alleine vor dem Haus.

Da kommt eine Frau vorbei. „Hallo, Lu! Was machst du denn hier so allein? Komm, ich nehme dich mit. Wir haben ja den gleichen Weg.“
„Ich kenn dich nicht, ich geh nicht mit!“, sagt Lu.
„Aber Lu, wir kennen uns doch“, sagt die Frau.

Na klar, das ist Frau Schmidt.
Sie wohnt in der gleichen Gegend wie Lu.

Aber wie heißt die Frau
mit Vornamen?

Sind die roten Haare echt
oder bloß gefärbt?

Geht Frau Schmidt
lieber unter die Dusche
oder in die Badewanne?

Und wie heißt eigentlich
der kleine Hund?

Das alles weiß Lu nicht. „Ich kenn dich nicht, ich geh nicht mit!“, sagt Lu. **„Und außerdem hat Mama gesagt, dass ich warten soll.“**

Jetzt fängt es auch noch an zu tröpfeln.
„Komm mit, Lu!“, ruft ein Mann. „Ich bin gerade auf dem Weg zu euch nach Hause.“
„Ich kenn dich nicht, ich geh nicht mit!“, sagt Lu.
„Na, hör mal“, lacht der Mann. „Weißt du denn nicht mehr, wie ich heiße?“

Das weiß Lu schon. Der Mann heißt Rolf. Und er hilft Papa dabei, einen Fahrradschuppen im Garten zu bauen.

Aber wie heißt Rolf mit Nachnamen?

Wäscht er seine Stinkesocken selbst?

Hat er Haustiere? Vielleicht eine Schlange? Oder einen Waschbären?

Isst er lieber roten oder grünen Wackelpudding?

„Keine Ahnung“, denkt Lu.
„Ich kenn dich nicht, ich geh nicht mit!“, sagt sie freundlich.
„Und außerdem hat Mama gesagt, dass ich warten soll.“

„Na, dann bis gleich!“, ruft Rolf.
„Bis gleich!“, antwortet Lu.

Da kommt ein Mann
in seinem Auto angefahren.
„Steig schnell ein,
du wirst ja ganz nass!“, ruft er.
„Ich kenn dich nicht, ich geh nicht mit!“, sagt Lu.

„Aber ich kenne deine Mama“,
sagt der Mann.
„Nun komm schon!“
„Nein danke!“, sagt Lu.

„Du bist ein kleiner Dickkopf!“, sagt der Mann. „Deine Mama wird mit mir schimpfen, wenn ich dich hier im Regen stehen lasse!“
„Ich kenn dich nicht, ich geh nicht mit!“, sagt Lu noch einmal.
Jetzt ist der Mann beleidigt.
Er klappt die Autotür zu und braust davon.
„Selber Dickkopf“, murmelt Lu.
Ist doch wahr, den kennt sie ja wirklich nicht.
Den Mann hat sie höchstens ein paarmal von Weitem gesehen. Sie weiß nicht mal, wie er heißt.

Oder was er zum Frühstück mag.

Vielleicht hat er zu
Hause ein Krokodil
unter dem Sofa.

Oder popelt er heimlich in der Nase?

„Keine Ahnung“, denkt Lu.
„Und außerdem hat Mama gesagt, dass ich warten soll.“

„Komm, Lu!“, ruft eine Frau.
„Ich nehme dich mit unter meinen Schirm!“
„Ich kenn dich nicht, ich geh nicht mit!“,
ruft Lu und lacht.
Denn das ist ja Frau Moser
und die kennt Lu eigentlich
ganz gut.

Frau Moser hat eine kleine Katze. Die heißt Rüpel.

Sie wohnt nur zwei Häuser von Lu entfernt.

Und ihre Lieblingsspeise ist Butterbrot mit frischem Schnittlauch.

Aber ob Frau Moser morgens Gymnastik macht, das weiß Lu nicht.

Und ob sie beim Schlafen schnarcht, auch nicht.

„Mama hat gesagt, dass ich warten soll!“
Lu lächelt und zwinkert Frau Moser zu.
Die zwinkert zurück. „Schon recht“, sagt sie.
„Vielleicht ein andermal.“
„Ja, vielleicht“, antwortet Lu.

Da taucht noch jemand auf.
„Jetzt komm mit, Lu!“, sagt er.
Und Lu geht mit.

Denn den kennt Lu ja wirklich. Das ist ihr Bruder Fips.

Er hat Angst vor Spinnen.

Seine Lieblingsspeise ist
Vanillepudding mit Himbeersoße.

Er schläft nachts noch immer
mit seinem Teddy Gustav.
Das weiß sonst niemand, nur Lu.

Und die blonden Haare
färbt er selbst.

Mit ihm kann Lu getrost mitgehen.
Und außerdem hat Mama gesagt, dass sie auf ihn warten soll.
„Du kommst aber spät!", sagt Lu. „Beinahe wäre ich hier festgewachsen."
„Tut mir leid, Rübe!", antwortet Fips. „Aber jetzt beeilen wir uns. Ich habe einen Mordshunger!"
„Und ich erst!", sagt Lu.

Diese Liste kannst du mit deinen Eltern ausfüllen,
so wie Lu es mit ihren Eltern gemacht hat.

Lus Liste:

MIT WEM LU MITGEHEN DARF,
OHNE VORHER MAMA ODER PAPA
ZU FRAGEN:

MAMA, PAPA, FIPS, OMA, OPA,
TANTE JULIA, FRAU BESENBINDER,
ANN-KATRIN (aber bloß bis zum Spielplatz
hinterm Haus)

LU GEHT MIT <u>NIEMAND</u> ANDEREM EINFACH SO MIT.

MIT JEMAND ANDEREM GEHT LU NUR MIT, WENN MAMA ODER PAPA ES VORHER ZU IHR GESAGT HABEN.

............Liste:

MIT WEM .... MITGEHEN DARF,
OHNE VORHER ....
ZU FRAGEN:

.... GEHT MIT NIEMAND ANDEREM
EINFACH SO MIT.

MIT JEMAND ANDEREM GEHT ....
NUR MIT, WENN ....
ES VORHER ZU ....
GESAGT HAT/HABEN.

Elisabeth Zöller

Kim kann stark sein

Illustriert von Dagmar Geisler

Heute kann Kim es kaum erwarten,
bis sie im Kindergarten ist.
Denn sie hat ihren neuen Schulranzen dabei.
Und alle sollen sie damit sehen!
Sie kommt bald in die Schule.
Sie ist nämlich groß.
Fast ein richtiges Schulkind.
So groß ist sie schon!

Da versperren ihr zwei den Weg.
Kim bleibt stehen. Sie hält die Luft an.
Hoffentlich tun die ihr heute nichts.
Sie kennt die beiden: die große Grit
und der fiese Fritz aus ihrer Gruppe.
Die mögen Kim nicht. Sind immer gemein zu ihr.
Das geht schon ein ganzes Jahr so. Seit die großen
Kindergartenkinder letzten Sommer in die Schule
gekommen sind. Seitdem spielen sie sich als die Größten auf.
Seitdem wollen die beiden im Kindergarten alles bestimmen.
Und immer, wenn die Erzieherinnen es nicht sehen können,
ärgern sie alle anderen Kinder.
„Lasst mich bitte vorbei“, sagt Kim. Ihr Herz pocht.
Sie macht einen Schritt nach vorn.

Aber Grit und Fritz bleiben einfach stehen
und grinsen hässlich.
„Ich hab euch doch nichts getan“, sagt Kim leise.
Sie guckt sich kurz um. Aber da ist gerade niemand,
der auch diesen Weg gehen will.
Mit dem sie sich einfach mit vorbeischlängeln könnte.
„Bitte! Lasst mich durch!“, flüstert Kim.
„Bitte, bitte, lasst mich durch!“, äfft Grit Kim nach und lacht.
„Babys kommen hier nicht so einfach vorbei“, sagt Fritz.
„Gib uns deinen Schulranzen! Dann kannst du vorbei!“
Kim schluckt. „Das sag ich aber Frau Blume!“, nuschelt sie.
„Was? Du Babyflasche, das traust du dich nicht!
Wenn du petzt, dann hauen wir dich!“
Fritz fuchtelt mit der Faust.
Und Kim wird kleiner.
„Babyflasche, Babyflasche!“, ruft Grit.
Kim kann gar nicht mehr zuhören.
Fritz schubst sie.
Kim kann gar nicht mehr richtig stehen.
Sie wird kleiner und kleiner.
Klitzeklein wie ein Mäuschen,
das noch nicht mal Piep sagen kann.

Da kommt noch einer. Laute Schritte. Immer näher.
Am liebsten würde Kim sich in ein Mauseloch verkriechen.
Sie merkt gar nicht, dass Grit und Fritz verschwinden wie der Blitz.
Sie hockt am Boden und weint.
Die Schritte bleiben plötzlich vor ihr stehen.
„Hilfe!“, will Kim rufen. „Hilfe!“
Aber sie kriegt keinen Pieps heraus.

„Hallo“, sagt eine Stimme.
Vorsichtig schaut Kim hoch. Da steht ein großer Junge vor ihr.
Der ist bestimmt schon zwölf. Will der ihr auch was tun?
„Was ist mit dir?“, fragt der Junge.
Nein, der will ihr nichts tun, oder?
„Nichts“, sagt Kim und wischt sich schnell die Tränen weg.
Sie schämt sich jetzt ein bisschen.
„Aber warum weinst du? Haben die zwei, die da weggelaufen sind, dich geärgert?“
Kim schüttelt den Kopf. Sie darf doch nichts sagen.
„Hm – na komm, steh auf“, sagt der Junge.
Kim merkt, dass ihre Knie noch ganz zittrig sind.
„Wirklich alles in Ordnung? Oder haben sie dir doch was getan?“, fragt der große Junge.
Kim schüttelt wieder den Kopf. Sie darf doch kein Fitzelchen sagen, sonst ist sie wirklich eine Petze.
„Es ist nichts!“, sagt Kim schnell. „Ich muss jetzt in den Kindergarten.“ Sie winkt dem netten Jungen noch zu und geht.

Frau Blume, die Erzieherin, begrüßt Kim.
Sie umarmt sie sogar ein bisschen.
Das tut gut. Aber erzählen mag Kim ihr nichts.
„Was für ein toller Schulranzen! Du freust dich bestimmt auf die Schule!", sagt Frau Blume.
Kim nickt und nimmt ihren Schulranzen ab. Jetzt wird sie von den anderen Kindern umzingelt und Kim darf ihren Schulranzen genau zeigen. Das gefällt ihr. Ja, sie freut sich auf die Schule. Dann ist sie ein großes Schulkind. Und niemand kann ihr mehr was tun.

Da kommen wieder die zwei: die große Grit und der fiese Fritz.
Sie drängeln sich zwischen die anderen. „Babyflasche, Babyflasche!"
Die anderen Kinder verkriechen sich. Kim steht mit ihrem neuen Schulranzen allein.
Nur die zwei bleiben bei ihr. Ganz dicht. Kim kann kaum atmen.
So dicht kommen die.
Der fiese Fritz flüstert ihr ins Ohr: „Babylein, kommst niemals in die Schule rein!"
Kim wird wieder kleiner.

Da ruft Frau Blume alle Kinder zusammen. Fritz und Grit verschwinden in die andere Ecke des Raumes. Kim atmet auf. Frau Blume verteilt viele große weiße Schuhkartons auf dem Boden. „Heute füllt jeder seine eigene Schatzkiste“, erklärt Frau Blume. „Jeder hat nämlich ganz viele Schätze in sich. Der eine kann singen, der andere wunderbar malen, der Dritte kann basteln. Wir müssen die Schätze nur entdecken. Und solange ihr eure Schätze aus der Schatzkiste nur für euch haben wollt, macht ihr den Deckel zu. Zum Schätzezeigen braucht man ein bisschen Zeit, weil viele über die Schätze der anderen lachen.“

„Oh ja“, denkt Kim.

„Wenn ihr sie aber zeigen wollt, dann stellt eure Schatzkiste offen hin. So können alle gucken.“

„Toll“, rufen die Kinder, „wann fangen wir an?“

„Sollen wir die malen oder basteln oder Lieder machen?“

„Was ihr wollt“, sagt Frau Blume. „Jeder macht das so, wie er es gut findet. Jeder Mensch hat viele Schätze tief in sich verbuddelt.“

„Wo sind die Schätze denn?“, fragt Kim.

„Sind die Schätze etwa im Bauch?“, kichert Kai.

„Oder in den Ohren?“

„In meinem großen Wackelzahn?“

„Vielleicht“, antwortet Frau Blume, „das ist bei jedem anders. Aber wenn ihr buddelt, tief in euch drin, dann spürt ihr, wo all eure Schätze stecken.“

„Bei mir sind sie in den Füßen.“ Paul hat begriffen. Der ist nämlich Stürmer. Er weiß, dass er Tore schießen kann. Paul ist fußballstark und laufstark. Kati ist singstark. Luis ist wortstark. Philipp ist zahlenstark.

„Überall können die Schätze sein“, sagt Frau Blume, „im Kopf, in den Gedanken, in den Träumen, im Bauch, in den Armen, Beinen und Füßen.“

„Und damit ihr sie nicht verliert, packt ihr ein Bild, etwas Gebasteltes oder irgendein Ding, das euch gut an eure Schätze erinnert, in eure ganz eigene Schatzkiste. Manchmal kann auch ein Lied an eure Schätze erinnern."
Frau Blume holt ihre Gitarre und singt ein Lied: das Schatzlied oder warum jeder stark ist. Neugierig lauschen alle.
Bald klatschen, trampeln, trommeln und singen sie mit.

Jeder hat 'nen Riesenschatz,
und wir buddeln – ratz und fatz.

Wenn wer dich ärgert, wirst du klein,
traurig, ängstlich und allein.
Komm zu uns, komm einfach her.
Unschlagbar werden ist nicht schwer.

Jeder hat 'nen Riesenschatz,
und wir buddeln – ratz und fatz.

Du sagst der Angst: „Jetzt weg mit dir!
Ich bin stark wie Bär und Stier."
Aus 'ner Wanne voller Wut
wächst dann ganz langsam neuer Mut.

Jeder hat 'nen Riesenschatz,
und wir buddeln – ratz und fatz.

Mit meinen Schätzen innen drin
mag ich mich einfach, wie ich bin!
Seht mal her, ich werde groß.
Ich bin jetzt stark – das ist famos.

Jeder hat ’nen Riesenschatz,
und wir buddeln – ratz und fatz.

Und zum Schluss sagt Frau Blume sehr feierlich:
„Ihr alle seid wunderbare Schatzkinder!“
„Das ist wirklich toll!“, denkt Kim. „Ich bin ein wunderbares Schatzkind.“ Und sie hat schon eine Idee, was ihr Schatz ist.

Schon rennen alle los!
Schätze suchen, ausbuddeln, malen und basteln.
Und dabei singen sie immer wieder wild durcheinander:
„Jeder hat ’nen Riesenschatz,
und wir buddeln – ratz und fatz.“
So begeistert sind sie.

Vogel
Sand

Plötzlich, als Frau Blume nicht hinschaut, tritt Fritz mit dem Fuß in Kims Schatzkiste. Und Grit hackt mit dem Pinsel hinterher.
Die zwei grinsen fies.
Jetzt ist ein richtiges Loch in Kims Schatzkiste.

Kim will gerade losheulen vor Wut.
Und am liebsten würde sie sich jetzt in die Kuschelecke verkriechen. Für immer. Damit Grit und Fritz sie endlich, endlich in Ruhe lassen.
Sie beißt sich auf die Lippe, um nicht zu weinen.
„Ich bin doch ein Schatzkind!“, denkt sie. „Ich bin doch auch stark!“
Da nimmt Kim ihren Pinsel, taucht ihn langsam in das Wasser, spült ihn sehr langsam aus, atmet erst einmal langsam tief durch, atmet, schnauft und zählt ganz langsam bis zehn.

Sie stellt sich aufrecht und breitbeinig vor Grit und Fritz und fragt:
„Könnt ihr eigentlich nichts anderes als ärgern, fies sein
und kaputt machen?“
Grit guckt Fritz an. Fritz guckt Grit an. Sie grinsen gar nicht mehr.
Sie verschwinden in einer Ecke, ohne irgendwas Gemeines zu
sagen.
Kim macht große Augen. Das hätte sie nicht gedacht.
Sie ist noch ganz aufgeregt. Als ob ihr Mut und
ihre Angst in ihr drin wild hin und her jagen.

„Wir kleben das Loch wieder zu“, sagt Frau Blume tröstend zu Kim.
Aber Kim dreht sich um und sagt: „Das Loch bleibt. Das ist die Gemeinheit. Die bleibt. Die lässt sich nicht ändern. Aber ich, ich kann mich stark machen.“
„Klasse“, sagt Frau Blume, „das ist noch viel besser. Ja, du kannst dich stark machen!“
Und ein bisschen lauter sagt sie:
„Und mit Fritz und Grit spreche ich nachher noch. Die können bestimmt auch stark sein, ohne andere zu ärgern!“

Kim malt ihre Schätze ganz in Ruhe zu Ende. Dann klappt sie ihre Schatzkiste fest zu. Und sie summt vor sich hin:
„Mit meinen Schätzen innen drin mag ich mich einfach, wie ich bin!“
Sie kann es kaum erwarten, bis sie nach Hause kann. Sie hat so eine tolle Schatzkiste. Vielleicht lässt sie Mama und Papa reingucken. Die werden staunen.
„Mit meinen Schätzen innen drin
mag ich mich einfach, wie ich bin.
Ich bin ein wunderbares Schatzkind!
Und bald auch ein Schulkind.
So groß und stark bin ich!“

Wie man sich stark machen und wehren kann:

Den Ärgerern stark sagen: „Stopp!“

Einen Schrei ausstoßen!

Sich ganz schnell zurückziehen!

Nein sagen!

Jemandem erzählen, wenn man selbst wütend ist!

Mit allen gemeinsam neue Regeln aufstellen!

Stärkelieder singen!

Zu tollen verschiedenen Wettspielen einladen, die allen Spaß machen – und dann zeigen, wer stärker ist!

Stark gucken wie Löwe, Adler, Bär!

So tun, als wären die Ärgerer Luft!

Sich mit anderen zusammentun!

Eine Kiste voll eigener Schätze bei sich haben!

Jemanden direkt um Hilfe bitten!

Wenn man selbst wütend ist, die Wut beim Toben rauspusten!

Den Ärgerern sagen, dass sie unfair, feige und gemein sind.

Einen eigenen Schatz in sich drin suchen und festhalten!

Informations- und Beratungsstellen

pro familia
Deutsche Gesellschaft für Familienplanung,
Sexualpädagogik und Sexualberatung e.V.
mit Datenbanken zu den Beratungsstellen vor Ort
www.profamilia.de

Deutscher Kinderschutzbund e.V. (DKSB)
mit Datenbanken zu den Landes- und Ortsverbänden
www.dksb.de

Nummer gegen Kummer e.V.
Kostenloses, telefonisches Beratungsangebot für Kinder,
Jugendliche und Eltern
Kinder- und Jugendtelefon 11 61 11
Elterntelefon 08 00 1 11 05 50
www.nummergegenkummer.de

Bundeskonferenz für Erziehungsberatung e.V.
Online-Beratung für Jugendliche und Eltern
Jugendberatung: *www.bke-jugendberatung.de*
Elternberatung: *www.bke-elternberatung.de*

TelefonSeelsorge Deutschland
Kostenloses Beratungsangebot am Telefon, per Chat und E-Mail
08 00 1 11 01 11 oder 08 00 1 11 02 22
www.telefonseelsorge.de

Arbeitskreis Neue Erziehung e.V.
Arbeitskreis mit Eltern – für Eltern
Beratung in deutscher, englischer und französischer Sprache
www.ane.de

Dagmar Geisler, in Hessen aufgewachsen, lebt in der Fränkischen Schweiz und schreibt seit 15 Jahren mit wachsender Begeisterung für Kinder und Jugendliche. Als ausgebildete Illustratorin sorgt sie auch für die Gestaltung und empfindet diese Verbindung als großes Glück. Sehr gerne zeichnet sie Cartoons für Erwachsene und schon aus diesem Grund gehört ein Schuss Humor bei ihren Arbeiten unbedingt dazu. Auch wenn es ernst wird und dann erst recht.

Elisabeth Zöller, geboren 1945 in Brilon, studierte Deutsch, Französisch, Kunstgeschichte und Pädagogik in Münster, München und Lausanne. Siebzehn Jahre lang war sie als Gymnasiallehrerin tätig, bevor sie sich 1987 ganz fürs Schreiben entschied. Neben Beiträgen für Zeitschriften und Anthologien hat sie einige Kinder- und Jugendbücher veröffentlicht. Für ihr jahrelanges Engagement gegen Gewalt wurde sie 2007 mit dem Bundesverdienstkreuz ausgezeichnet. Elisabeth Zöller lebt mit ihrer Familie in Hannover.

Die eigenen Gefühle ...

ISBN 978-3-7855-7765-3

Von manchen Sachen kann ich einfach nicht genug bekommen.
Zum Beispiel von Gummibärchen oder von meiner Lieblingssendung.
Kennst du das auch?
Nur manchmal ist es dann doch irgendwie zu viel ...

Dieses Buch erklärt Kindern auf anschauliche Weise, dass auch schöne Sachen zu viel werden können. Es zeigt auf, wie man die eigenen Bedürfnisse erkennt und auch mal sagen kann: „Jetzt hab ich erst mal genug!“

verstehen lernen

ISBN 978-3-7432-0905-3

Warst du auch schon mal krank? Oder kennst du jemanden, der schon mal länger krank war? Weißt du, welche Arten von Krankheiten es gibt? Und wie man damit umgeht, wenn man selbst krank ist?

Dieses Buch behandelt einfühlsam sowohl Infektionskrankheiten als auch chronische Krankheiten. Im Zentrum stehen ganz unterschiedliche Kinder und ihre Erfahrungen mit dem Kranksein, so dass sich hier jeder Leser wiederfinden kann. Ein guter Anlass, um über Krankheiten, ihre Folgen und vor allem den Umgang mit ihnen zu sprechen!